Investiguemos los accidentes geográficos

Lynn Van Gorp, M.S.

Earth and Space Science Readers:
Investiguemos los accidentes geográficos

Créditos de publicación

Directora editorial
Dona Herweck Rice

Directora creativa
Lee Aucoin

Editor asociado
Joshua BishopRoby

Gerente de ilustración
Timothy J. Bradley

Editora en jefe
Sharon Coan, M.S.Ed.

Editora comercial
Rachelle Cracchiolo, M.S.Ed.

Colaborador de ciencias
Sally Ride Science

Asesores de ciencias
Nancy McKeown,
    Geóloga planetaria
William B. Rice,
    Ingeniero geólogo

Teacher Created Materials

5301 Oceanus Drive
Huntington Beach, CA 92649-1030
http://www.tcmpub.com
ISBN 978-1-4258-3220-9
© 2017 Teacher Created Materials

Índice

¿Qué son los accidentes geográficos?

Imagina que estás en una excursión con tus amigos. Ves las **montañas** a tu alrededor. Más adelante hay un afloramiento de rocas. Pareciera como si una mano gigante hubiera apilado las rocas en la ladera de la montaña. Al otro lado de ellas, puedes ver un valle abierto. Es ancho y verde. Te sientas y contemplas maravillado. ¿Cómo se formó todo esto?

Lo que ves en la excursión imaginaria son tipos de **accidentes geográficos**. Los accidentes geográficos son las características de la superficie de la Tierra. Se forman por procesos naturales. La superficie de la Tierra está en constante cambio. Los científicos estudian los accidentes geográficos para aprender sobre los

cambios del pasado. De esa manera, tal vez también puedan predecir los cambios futuros de la Tierra.

Dos tipos de fuerzas modifican la superficie de la Tierra. Las **fuerzas constructivas**, como los **sismos** y los **volcanes**, acrecientan la superficie. Las **fuerzas destructivas** desgastan la superficie. El **desgaste** y la **erosión** son ejemplos de estas fuerzas.

◄ Muchos accidentes geográficos, como Bryce Canyon en Utah, son famosos. Nos brindan un hermoso paisaje y oportunidades para realizar actividades y disfrutar de aventuras.

Tipos de accidentes geográficos

Las montañas, las **llanuras** y las **mesetas** son ejemplos de accidentes geográficos. Una llanura es un accidente geográfico compuesto de un terreno plano o levemente ondulado con **relieve** bajo. El relieve es la diferencia entre las partes más altas y más bajas del accidente geográfico. Las montañas son accidentes geográficos con **elevación** y relieve altos. La elevación es la altura de los accidentes geográficos sobre el nivel del mar. Las mesetas son accidentes geográficos que tienen elevación alta y no tienen **pendiente**. La pendiente es la inclinación de la superficie terrestre.

Geomorfología

El estudio de los accidentes geográficos se denomina **geomorfología**. Es la parte de las ciencias de la Tierra que estudia los cambios en la superficie terrestre. También analiza las fuerzas y los procesos que generan estos cambios.

El mapa de la superficie de la Tierra

Las personas usan mapas todo el tiempo para ver hacia dónde se dirigen y cómo llegar allí. Existen muchos tipos diferentes de mapas. Algunos muestran las características de la superficie de un área. Se llaman **mapas topográficos**. Muestran elevaciones, relieves y pendientes. Los mapas se usan para muchas cosas diferentes. Se usan para planificar la construcción de presas, puentes y autopistas. También se usan para responder a los desastres naturales.

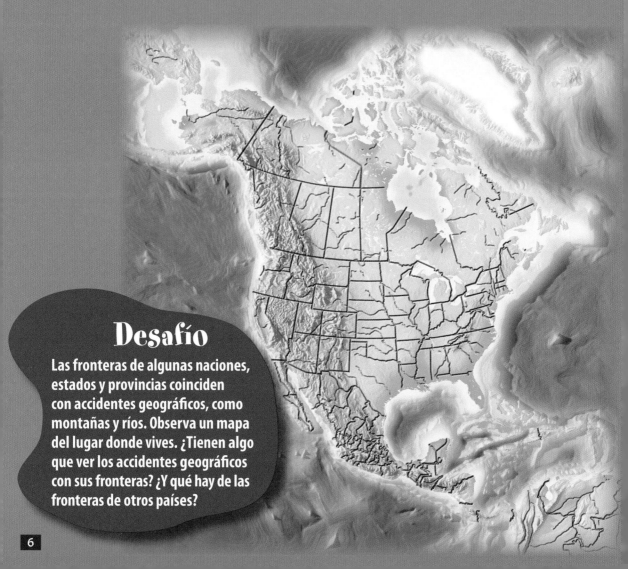

Desafío

Las fronteras de algunas naciones, estados y provincias coinciden con accidentes geográficos, como montañas y ríos. Observa un mapa del lugar donde vives. ¿Tienen algo que ver los accidentes geográficos con sus fronteras? ¿Y qué hay de las fronteras de otros países?

Sal al sendero

En todo el mundo existen accidentes geográficos hermosos que cambian constantemente. Los ciclistas de montaña pueden explorar cañones impresionantes u otros accidentes geográficos, como mesetas altas. Pueden andar entre las dunas o a lo largo de las cimas de colinas. Millones de ciclistas de montaña ponen a prueba su fuerza cada año. Muchos senderos de ciclismo fueron alguna vez cortafuegos o caminos forestales, vías de animales o de senderismo. Algunas personas creían que el ciclismo de montaña podía dañar la tierra. En la actualidad, los senderos son mejores. Cada vez se abren más senderos. Así que es tiempo de emprender la emocionante travesía. ¡Ve a andar por el sendero!

    ¿Alguna vez has intentado dibujar un mapa de tu vecindario? Para hacerlo, deberás observar todas las calles y casas. Luego, necesitarás tomar nota de la ubicación de los parques, las escuelas y otros lugares públicos. Cuando sepas dónde se encuentra todo, puedes tomar papel y lápiz, y comenzar a dibujar. Imagina cuánto tiempo lleva. Ahora, imagina si intentaras dibujar un mapa de toda tu ciudad. ¿Y qué sucedería si intentaras dibujar un mapa de todo tu país?

    Durante cientos de años, los cartógrafos reunían información y dibujaban mapas a mano. Los exploradores hacían mapas a partir de lo que veían ellos mismos o de lo que les contaban los viajeros. Les tomaba mucho tiempo dibujar estos mapas. Nadie sabía qué tan precisos eran.

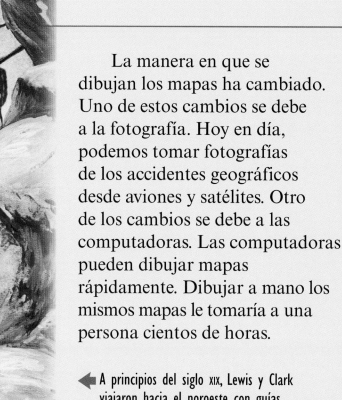

La manera en que se dibujan los mapas ha cambiado. Uno de estos cambios se debe a la fotografía. Hoy en día, podemos tomar fotografías de los accidentes geográficos desde aviones y satélites. Otro de los cambios se debe a las computadoras. Las computadoras pueden dibujar mapas rápidamente. Dibujar a mano los mismos mapas le tomaría a una persona cientos de horas.

◀ A principios del siglo xix, Lewis y Clark viajaron hacia el noroeste con guías shoshones y dibujaron mapas mientras exploraban.

Antes y después

El mayor cambio en la cartografía se dio en 1972. Se enviaron satélites al espacio para observar la superficie de la Tierra. Estos enviaban información a la Tierra. Las computadoras usan la información para dibujar mapas de manera rápida y precisa. Los efectos de las tormentas y los sismos se pueden ver en fotografías que muestran el "antes" y el "después".

▼ 24 de agosto del 2002
Nueva Orleans, Luisiana

▼ 2 de septiembre del 2005
Nueva Orleans, Luisiana

Sismos y volcanes

Sismos

Si vives en ciertas partes del mundo, estás muy familiarizado con los sismos. No existe nada igual a las sacudidas y los movimientos causados por un gran desplazamiento de tierra. ¿Alguna vez has sentido un sismo? Los sismos hacen que la superficie de la Tierra se mueva y se desplace. Los grandes sismos pueden cambiar la tierra en segundos.

La capa exterior de la **corteza** de la Tierra no es una sola pieza. A medida que las piezas de la corteza se mueven, aumenta la presión entre ellas. La roca se rompe cuando se acumula demasiada presión en una sección de la corteza. Esto crea una **falla**. En un sismo, hay movimiento en la línea de falla. Este movimiento puede modificar o crear accidentes geográficos.

Parque Nacional Bryce, Utah

Parque Nacional Big Bend, Texas

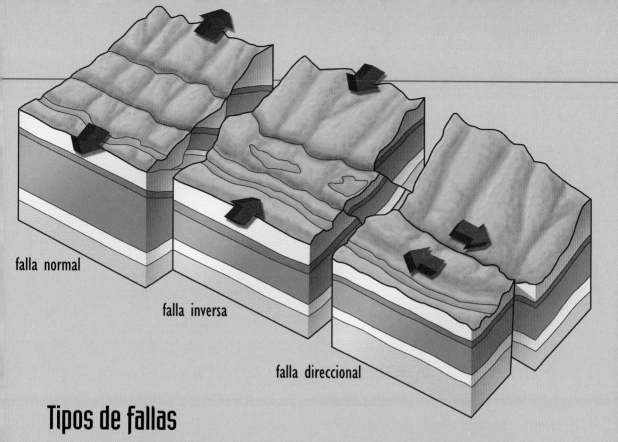

falla normal

falla inversa

falla direccional

Tipos de fallas

Hay tres tipos principales de fallas. Una falla normal se produce cuando la línea de falla en la tierra se extiende en un ángulo con la superficie. La presión de un sismo provoca un desplazamiento que se aleja de la línea de falla. Así, una sección de roca desciende por debajo de la otra sección. El valle del río Grande en Nuevo México es un ejemplo de una falla normal.

Una falla inversa también se produce cuando la línea de falla está en un ángulo. Pero en este caso, la presión de un sismo provoca un desplazamiento hacia la línea de falla. Así, una sección de roca asciende por encima de la otra sección. Un ejemplo de falla inversa puede encontrarse en el Parque Nacional Glacier. (La falla inversa también se llama falla de cabalgamiento).

Una falla direccional se produce cuando las secciones de roca a cada lado de la falla se desplazan lateralmente. Hay poco o ningún movimiento hacia arriba y hacia abajo. La falla de San Andrés en California es un ejemplo de una falla direccional.

Los volcanes crean accidentes geográficos

Los volcanes han formado algunos de los accidentes geográficos más hermosos de la Tierra. Por ejemplo, el monte Fuji en Japón y las islas hawaianas fueron creados por volcanes. Pero los volcanes también pueden provocar muerte y destrucción. El monte Etna en Italia provocó exactamente eso.

Una de las erupciones grandes más recientes tuvo lugar en el monte Santa Helena en el estado de Washington, EE. UU. La forma de la montaña cambió por completo. La lava que fluyó del volcán se endureció y formó nuevos accidentes geográficos.

Un volcán se produce cuando roca fundida, o **magma**, dentro de la Tierra emerge a la superficie a través de un punto débil de la corteza. Cuando la roca fundida alcanza la superficie se llama **lava**. La lava agrega roca nueva al terreno existente. También puede formar islas nuevas.

La mayoría de los volcanes se producen cerca del borde de las **placas** de la Tierra. El empuje hacia delante y hacia atrás en estos límites debilita la corteza. Esto permite que el magma alcance la superficie.

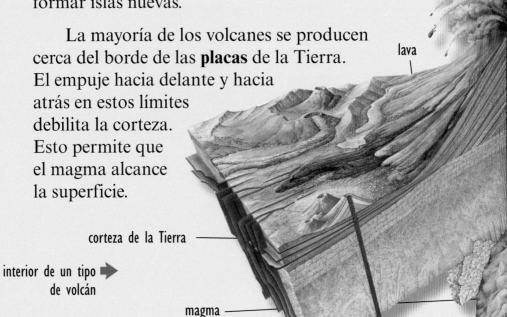

lava

corteza de la Tierra

interior de un tipo ➡ de volcán

magma

Emoción en la montaña

    ¿Alguna vez has pensado en escalar una montaña? No tienes que empezar con el monte Everest, la montaña más alta del mundo. Puedes comenzar con caminatas fáciles por las montañas de tu región. O puedes visitar lugares famosos para caminar y escalar, como Lovers Leap, una formación de granito en el centro de California. Tiene grietas verticales que son ideales para principiantes. Hay grandes barandillas en medio de muchas de las zonas difíciles de escalar. ¡Compruébalo! La montaña perfecta te está esperando. Hasta puedes escalar volcanes inactivos. ¡Solo debes tener cuidado!

Dato curioso

¿Sabías que hay más de 600 volcanes activos sobre la tierra? Hay muchos más debajo del mar.

Tipos de erupciones

¿Alguna vez has visto un video de un volcán que hace erupción? Es muy dramático en las películas. Así es también en la vida real. Una **erupción** se produce cuando la roca fundida se ve forzada a salir de un volcán. Existen diferentes tipos de erupciones. Una erupción silenciosa se produce cuando la lava es líquida y fluye fácilmente. Las islas hawaianas e Islandia se formaron de esta manera. Una erupción silenciosa genera dos tipos de lava. La lava caliente que se mueve rápido se endurece y forma una superficie ondulada. La lava más fría con movimiento lento se endurece en forma de trozos ásperos.

Una erupción explosiva se produce cuando la lava es espesa y pegajosa. No fluye. Por el contrario, se acumula en el volcán hasta que explota. La explosión rompe la lava en trozos. Los trozos pueden ser tan pequeños como la ceniza o tan grandes como un auto. En 1980, el monte Santa Helena fue un ejemplo de una erupción explosiva.

Algunos volcanes provienen de puntos calientes en lo profundo de la Tierra. Un punto caliente es un área donde el magma se funde a través de la corteza como un soplete. El Parque Nacional Yellowstone tiene ejemplos de puntos calientes.

Algunas veces, el magma no puede alcanzar la superficie de la corteza terrestre. Se endurece debajo de la superficie. No se ve hasta que la roca se desgasta. Ship Rock en Nuevo México es un ejemplo de esto. El magma se endureció dentro del volcán. Cuando la roca a su alrededor se desgastó, quedó una enorme formación. Parece un diente gigantesco clavado en el suelo.

Ship Rock, Nuevo México

monte Santa Helena, Washington

lava con consistencia de barro

La garganta del río Columbia: Más que hermosa

La garganta del río Columbia es un espectacular cañón fluvial en Oregón. Se creó por una serie de flujos de lava que cubrieron miles de millas cuadradas. Si la visitas, puedes disfrutar de actividades en la tierra, como caminar, practicar ciclismo de montaña y escalar rocas. O puedes ir directo al agua para divertirte pescando, navegando y surfeando.

15

Desgaste

Los accidentes geográficos cambian con el desgaste de las rocas y el suelo. Las rocas se rompen o se desgastan y forman trozos más pequeños. Esto sucede lentamente. Aun así, con el tiempo las montañas pueden desgastarse.

Existen dos tipos principales de desgaste: natural y químico. El desgaste natural se da por procesos naturales. Estos procesos hacen que la roca se agriete, se desmorone o se rompa en láminas. Por ejemplo, cuando el agua se congela en una grieta de la roca, se expande. Esto ensancha la grieta y debilita la roca.

Las rocas también se pueden desgastar cuando se remueve la cubierta vegetal que está sobre las rocas. Entonces, la roca no está protegida. El **viento** y el agua a menudo transportan arena y otros materiales a lo largo de la superficie de la roca descubierta. Esto raspa y desgasta la roca. Todos estos son ejemplos de desgaste natural.

El desgaste químico descompone las rocas mediante procesos químicos. Las sustancias químicas forman orificios y puntos débiles en las rocas. Esto hace que se rompan

◄ glaciar Fox, Nueva Zelanda

▲ Las corrientes de agua pueden arrastrar suelo,
y exponer las raíces y rocas.

Daño rápido

¿Sabías que la lluvia ácida es el peor tipo de desgaste químico? Provoca cambios rápidos en los accidentes geográficos. También desgasta edificios y estatuas que están expuestos a la lluvia. Una gran variedad de estructuras y edificios antiguos se destruyen a causa de la lluvia ácida y otros tipos de contaminación.

fácilmente. Por ejemplo, el dióxido de carbono en el agua genera un ácido que debilita el mármol y la piedra caliza. Los seres vivos, como las plantas, también generan un ácido débil. El ácido disuelve lentamente la roca alrededor de las plantas.

La lluvia ácida se produce cuando se contamina el aire al quemar carbón, petróleo y gas. La contaminación reacciona con la humedad en el aire. De esta forma, las nubes se llenan de ácidos que caen como lluvia ácida. La lluvia ácida desgasta las rocas.

¿Qué es la erosión?

¿Alguna vez has construido un castillo de arena? ¿Qué le sucedió ¿Se lo llevaron las olas? Ese es un tipo de erosión. Hay muchas fuerzas que causan la erosión. Las fuerzas incluyen la **gravedad**, el agua, los **glaciares**, las **olas** y el viento. La erosión es el traslado de tierra, barro, roca y otras partículas lejos de un área. Los materiales que se mueven se llaman **sedimento**.

La gravedad es una fuerza que atrae el sedimento cuesta abajo Los derrumbes se producen cuando las rocas y el suelo se deslizan repentinamente hacia abajo por las laderas de las colinas. Provoca una erosión rápida. A menudo, se producen cuando parte de la ladera de una colina se tala para construir caminos o viviendas.

Las avalanchas de barro se producen cuando el barro se desliza rápidamente hacia abajo por las laderas de las colinas. El barro es una mezcla de rocas, tierra y agua. Las avalanchas de barro se producen después de lluvias intensas en un área que normalmente es seca.

Los desplomes se producen cuando las rocas la tierra descienden por un pendiente como un bloque gigante. El drenaje de agua crea un camino debajo de una sección de roca. Este flujo de agua debilita la adhesión del suelo a la pendiente. Cuando el suelo ya no puede mantenerse adherido, cede repentinamente y resbala por la ladera de la colina.

◄ Una avalancha de barro ha arrancado los árboles de esta parte de la monta

¿Le tienes miedo a la oscuridad?

Con el transcurso de miles de años, se pueden desarrollar cuevas en las áreas con piedra caliza. Entre las cuevas más emocionantes del mundo están las cuevas Waitomo Glowworm en Nueva Zelanda. Personas de todo el mundo visitan estas cuevas. Son un laberinto antiguo de cuevas y grutas de piedra caliza. Allí, puedes pasear en bote por la gruta Glowworm, que significa luciérnaga. Está alumbrada por millones de luciérnagas pequeñas.

Glaciares

Un glaciar es una gran masa de hielo y nieve que se mueve lentamente por encima de la tierra. La gravedad provoca que el glaciar se mueva cuesta abajo.

Existen dos tipos principales de glaciares. Los valles glaciares son largos y angostos. Se forman cuando se acumula nieve y hielo en lo alto de un valle de montaña. Las laderas de las montañas evitan que el glaciar se disperse.

Los glaciares continentales (también llamados casquetes glaciares) cubren gran parte de un continente o una isla grande. Pueden moverse en todas las direcciones. Durante un antiguo período llamado la Edad de Hielo, los glaciares cubrieron partes de América del Norte, Europa y Asia. A medida que se movían, modificaban el paisaje. Hoy en día, la Antártida y la mayor parte de Groenlandia están cubiertas por glaciares.

Cuando un glaciar se mueve, su peso rompe las rocas. Algunas de las rocas son pequeñas. Otras son piedras grandes del tamaño de una casa. Se congelan en la profundidad del glaciar. Cuando el glaciar se mueve, las rocas se mueven con él. Raspan y cavan la tierra que está debajo de ellas. Los glaciares acumulan grandes cantidades de rocas y suelo cuando se mueven. Cuando se derriten, este material se deposita sobre la tierra. Así se crean nuevos accidentes geográficos.

¿Has visitado alguna vez los Grandes Lagos? Se formaron por un glaciar. Un glaciar cubría un gran valle fluvial. A medida que el glaciar se movía, despegaba sedimento y rocas blandas. Esto creó grandes cuencas. Estas cuencas se llenaron con agua a medida que los glaciares se derretían. Así nacieron los Grandes Lagos.

Excursionistas exploran las montañas Bugaboo en Columbia Británica, Canadá.

Glaciares: No son solo hielo antiguo

¿Crees que escalar, caminar y esquiar en las colinas y montañas es un desafío? ¡Inténtalo en un glaciar! Las Montañas Rocosas canadienses son una de las mejores áreas en el mundo para el montañismo y la escalada. Encontrarás áreas glaciares enormes. Conforman una parte pequeña de la espesa masa de hielo que alguna vez cubrió las montañas occidentales de Canadá. Puedes viajar hasta el hielo y explorar. Puedes simplemente observar toda la belleza a tu alrededor. Algo es seguro. Debes ver un glaciar para comprender realmente su tamaño y belleza.

Agua que corre

¿Alguna vez has construido castillos de arena? ¿Qué sucede si derramas agua sobre un montón de arena? ¿Se desmorona el montón? El agua que corre produce un cambio en la superficie de la Tierra mayor que cualquier otro tipo de erosión. La **escorrentía**, los arroyos y los ríos son todos tipos de corrientes de agua.

Una mayor cantidad de escorrentía implica mayor erosión. Cuanto más rápido se mueve el agua, más grandes son los objetos que puede transportar. El agua recoge sedimento. Lo transporta y lo desecha. Los árboles y demás cubierta vegetal desaceleran la erosión. Retienen algo de agua y mantienen el suelo y las rocas en su lugar.

Las inundaciones pueden provocar la destrucción masiva de propiedades.

Las lluvias intensas pueden hacer que los ríos provoquen inundaciones. Las inundaciones cubren los terrenos cercanos con agua. Cuando el agua baja, deja un suelo rico. Este suelo es perfecto para el crecimiento de cultivos.

La erosión también crea cascadas. Las cascadas se forman cuando el agua pasa por encima de roca dura. Las cataratas del Niágara se crearon porque la capa de roca superior era más dura que la capa inferior. El río desgastó la roca blanda más rápidamente que la capa superior. Finalmente, las partes de la capa superior dura se desprendieron. Esto formó la caída y el borde afilado de la cascada.

La cascada más alta del mundo

La cascada más alta del mundo es Salto Ángel en Venezuela. Es 20 veces más alta que las cataratas del Niágara, que recibe millones de turistas cada año. El Salto Ángel se encuentra en medio de un bosque tropical tupido. No hay caminos hacia la cascada; por lo tanto, no van muchas personas a visitarla.

tormenta de polvo durante el *Dust Bowl* en la década de 1930

Viento

Es probable que hayas intentado caminar durante un día muy ventoso. Algunas veces, se siente como si el viento quisiera hacerte volar de un lado a otro. Otras veces, casi puede impedir que avances. Si no tienes cuidado, un viento fuerte puede tumbarte.

El viento puede causar mucho daño. También puede causar grandes cambios en los desiertos. Las tierras desérticas tienen muy pocas plantas que puedan mantener la arena en su lugar. Los vientos soplan en el desierto y recogen pequeñas partículas que transportan hasta que estas caen. Los vientos rápidos pueden transportar más cosas que los vientos más lentos. Los materiales más livianos vuelan más rápido y alto que los materiales más pesados.

Las dunas se pueden formar cuando el viento choca contra algo, como una roca o una planta. Entonces, deja caer lo que transporta. Se pueden encontrar dunas a lo largo de las playas y en el desierto. ¿Has ido alguna vez a una duna? Algunas personas van a las dunas para conducir karts o motocicletas.

Durante la década de 1930 en Estados Unidos, las tierras para cultivo perdieron gran cantidad de mantillo. Se producían tormentas de polvo con frecuencia. Parte del problema era que no había árboles para sostener el suelo. Los agricultores descubrieron que plantar árboles contribuye a mantener el suelo en su lugar. Ahora hay más árboles para dividir las secciones de las tierras para cultivo.

una tormenta de polvo en el desierto del Sahara

Superdunas
El desierto del Namib en la costa de África tiene algunas dunas increíbles. Son tan altas como los rascacielos más altos y tienen muchas millas de ancho.

Olas

Es hermoso mirar las olas y es divertido surfearlas, ya sea de pie o acostado. También cumplen la función de darle forma a la tierra. Las olas de los océanos y lagos dan forma a las playas. En algunos lugares erosionan las costas y en otros lugares las forman.

El viento también es una fuente de energía para las olas. Sopla sobre la superficie del agua. Esto provoca un movimiento ascendente y descendente. Cuando la fuerza de las olas golpea contra la costa, se pueden formar acantilados y cuevas. Las olas rompen las rocas en trozos pequeños. La energía de las olas y la sal del agua erosionan la costa rocosa.

Las olas también pueden provocar cambios en las playas de arena que no tienen rocas. La arena puede ser removida de una playa y ser transportada lejos de la costa. Según sea la fuerza y la dirección del viento, la arena puede regresar a la costa.

daño causado por un tsunami en Indonesia

Muchas comunidades construyen rompeolas para proteger sus costas de la erosión. Las personas llenan bolsas de arena y las apilan a lo largo de las áreas con mayor peligro. De esta forma ayudan a mantener la arena en su lugar.

Los tsunamis son otra forma en la que se generan las olas. Un tsunami es una serie de olas enormes causadas por un sismo submarino. Desde el tsunami del océano Índico en el 2004, los científicos han intentado volver a trazar el camino de esas olas. Quieren descubrir cómo y por qué el agua se movió en las direcciones en las que lo hizo. Cuanto más sepan, mejor preparadas estarán las personas.

Buceo

Los accidentes geográficos también se producen debajo del agua. Existen muchos lugares submarinos hermosos que se pueden visitar. Un lugar que no te puedes perder es la Gran Barrera de Coral de Australia. Es el área marítima protegida más grande del mundo. Tiene casi 3,000 corales. Hay más de 600 islas continentales. En todos los lugares por donde nades, encontrarás miles de peces, serpientes marinas, tortugas marinas, ballenas, delfines y marsopas. Busca tu equipo de buceo. ¡Es hora de bucear en la Gran Barrera de Coral!

Laboratorio: Movimiento de la Tierra

En esta actividad de laboratorio se explorarán los efectos de la lluvia en cómo la tierra se mueve cuesta abajo por una pendiente.

Materiales

- agua
- arena
- bandeja grande con bordes
- grava
- regadera
- tierra

Procedimiento

1 Usa grava, arena y tierra para construir un modelo de una montaña sobre la bandeja.

2 Usa la regadera para rociar agua sobre la montaña. ¿Qué simula está acción?

3 Aumenta el flujo de agua sobre la montaña a un torrente. ¿Qué simula está acción?

4 Registra lo que ves. ¿Qué tipo de movimiento se produjo (derrumbe, avalancha de barro o desplome)? ¿El movimiento fue diferente según el flujo de agua? Si la respuesta es sí, ¿de qué manera?

5 ¿Qué tipo de fuerza es responsable de este tipo de movimiento?

Idea de extensión para profundizar el estudio

- Crea diferentes accidentes geográficos, como colinas, valles y llanuras.
- Pon a prueba los efectos de diversas fuerzas, como el viento.

Glosario

accidentes geográficos: estructuras o formas de una característica específica de la superficie terrestre

corteza: la capa más externa de un planeta o luna

desgaste: el debilitamiento debido a la exposición

elevación: la altura sobre el nivel del mar de un accidente geográfico

erosión: el traslado de tierra, barro, roca y otras partículas lejos de un área

erupción: cuando un volcán explota o exuda, a menudo repentinamente

escorrentía: el agua que se mueve por la superficie de la Tierra a diferencia de la que absorbe el suelo

falla: un rastro en la superficie de una ruptura de la corteza terrestre

fuerzas constructivas: fuerzas como los sismos y los volcanes, que forman la superficie terrestre

fuerzas destructivas: fuerzas como el desgaste y la erosión, que desgastan la superficie terrestre

geomorfología: el estudio de las características y los accidentes geográficos de la Tierra, y de las fuerzas y los procesos que los crean

glaciares: grandes masas de hielo y nieve que se mueven lentamente por encima de la tierra

gravedad: la fuerza que atrae el sedimento cuesta abajo en forma de derrumbes o avalanchas de barro

lava: la roca fundida que alcanza la superficie terrestre, a menudo a través de un volcán

llanuras: accidentes geográficos compuestos de un terreno plano o levemente ondulado con relieve bajo

magma: la roca fundida en la corteza terrestre

mapas topográficos: mapas que muestran las características de la superficie de un área presentando las diferencias de elevación

mesetas: accidentes geográficos que tienen elevación alta y superficie plana

montañas: accidentes geográficos con elevación y relieve altos

olas: líneas elevadas de agua que se mueven por la superficie de un área de agua, especialmente del mar

pendiente: la inclinación de la superficie terrestre

placas: secciones de la litosfera de la Tierra que están en constante movimiento en relación con las otras secciones

relieve: la diferencia entre las partes más altas y más bajas de un accidente geográfico

sedimento: arena, barro y rocas que se transportan

sismos: sacudidas y temblores que provocan el movimiento de la superficie terrestre y de la roca debajo de ella

viento: el movimiento horizontal del aire a lo largo del suelo o de manera paralela a él

volcanes: aberturas en la corteza terrestre a través de las cuales se expulsan lava, ceniza y gases

Índice analítico

Sally Ride Science

Sally Ride Science™ es una compañía de contenido innovador dedicada a impulsar el interés de los jóvenes en la ciencia. Nuestras publicaciones y programas ofrecen oportunidades para que los estudiantes y los maestros exploren el cautivante mundo de la ciencia, desde la astrobiología hasta la zoología. Damos significado a la ciencia y les mostramos a los jóvenes que la ciencia es creativa, cooperativa, fascinante y divertida.

Créditos de imágenes

Portada: Jim Lopes/Shutterstock; pág. 3 Matej Krajcovic/Shutterstock; pág. 4 (arriba) Jim Lopes/Shutterstock; págs. 4–5 Luca Flor/Shutterestock; pág. 5 Photos.com; pág. 6 (arriba) Bychkov Kirill Alexandrovich/Shutterstock; pág. 6 (abajo) Tim Bradley; pág. 7 Zavodskov Anatoliy Nikolaevich/Shutterstock; pág. 8 Bettmann/CORBIS; pág. 9 Geoeye.com; pág. 10 (arriba) R. Hammer/Shutterstock; pág. 10 (izquierda) Michael Almond/Shutterstock; pág. 10 (derecha) Francisco Romero/Shutterstock; pág. 11 Tim Bradley; pág. 12 Gary Hincks/Photo Researchers, Inc.; pág. 13 Craig Hansen/Shutterstock; pág. 15 (arriba, derecha) Photos.com; pág. 15 (arriba, izquierda) LOOK Die Bildagentur der Fotografen GmbH/Alamy; pág. 15 (arriba, centro) Photos.com; pág. 15 (fondo) Natalie Bratlavsky/Shutterstock; pág. 16 (arriba) Andre Klaassen/Shutterstock; pág. 16 (abajo) Photos.com; pág. 17 (arriba) Photos.com; pág. 17 (abajo) Laurence Gough/Shutterstock; pág. 18 (arriba) Francisco Romero/Shutterstock; pág. 18 (abajo) Tom Myers/Photo Researchers, Inc.; pág. 19 Corel; pág. 21 Nick Hanna/Alamy; pág. 22 (arriba) Bryan Busovicki/Shutterstock; págs. 22–23 Mark Yuill/Shutterstock; pág. 23 Photos.com; pág. 24 NRCS.gov; págs. 24–25 Luba V. Nel/Shutterstock; pág. 25 (izquierda) Andre Klaassen/Shutterstock; pág. 25 (derecha) NASA; pág. 26 (arriba) Pete Atkinson/The Image Bank/Getty Images; pág. 26 (fondo) Todd Taulman/Shutterstock; pág. 26 (abajo) Norliza binti Azman/Shutterstock; pág. 27 Pete Atkinson/The Image Bank/Getty Images; pág. 28 (arriba) Hannamariah/Shutterstock; págs. 28–29 Nicoll Rager Fuller